anythink

D0478628

Los colores
El amarillo

Sharon Gordon

Marshall Cavendish
Benchmark
New York

El sol es amarillo.

Siéntelo.

El pollito es amarillo.

Sostenlo.

El maíz es amarillo.

Cómelo.

La flor es amarilla.

Huélela.

El impermeable
es amarillo.

¡Póntelo!

La abeja es amarilla.

Mírala.

El autobús es amarillo.

Súbete.

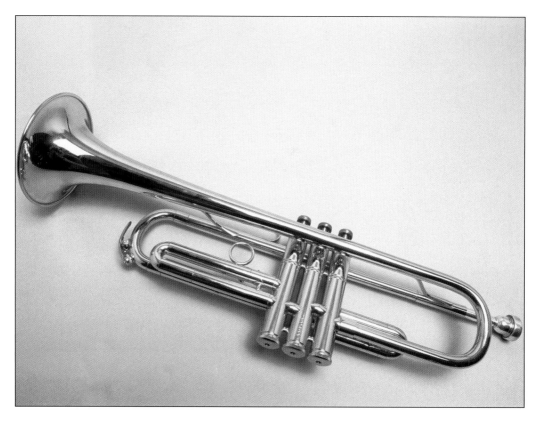

La trompeta
es amarilla.

Tócala.

La calcomanía
es amarilla.

¡Sonríe!

Palabras conocidas

abeja

autobús

calcomanía

flor

impermeable

maíz

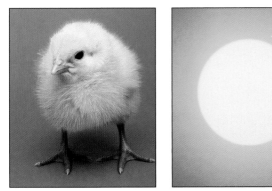

pollito

sol

trompeta

21

Índice

Las páginas indicadas con números en **negrita** tienen ilustraciones.

Sobre la autora

Sharon Gordon ha escrito muchos libros para niños y ha trabajado como editora. Sharon y su esposo Bruce tienen tres niños, Douglas, Katie y Laura, y también tienen una perrita consentida llamada Samantha. Viven en Midland Park, New Jersey.

With thanks to Nanci Vargus, Ed.D. and
Beth Walker Gambro, reading consultants

Marshall Cavendish Benchmark
99 White Plains Road
Tarrytown, New York 10591-9001
www.marshallcavendish.us

Library of Congress Cataloging-in-Publication Data

Gordon, Sharon.
[Yellow. Spanish.]
Los colores. : El amarillo / por Sharon Gordon.
p. cm. – (Bookworms. Los colores)
Includes index.
ISBN-13: 978-0-7614-2863-3
ISBN-10: 0-7614-1772-9 (English ed.)
1. Yellow–Juvenile literature. 2. Color–Juvenile literature.
I. Title. II. Series.
QC495.5.G6918 2008
535.6–dc22
2007024607

Spanish Translation and Text Composition by
Victory Productions, Inc.

Photo Research by Anne Burns Images

The photographs in this book are used with the permission and through the courtesy of:
Corbis: pp. 2, 21 (lower r.) Guy Motil; p. 3 Pablo Corral; pp. 4, 6, 9, 10, 16, 18, 20 (lower l.),
21 (top m.), 21(lower l.) Royalty Free; p. 5 Julie Habel; pp. 7, 20 (lower r.) Tom Stewart;
pp. 8, 21 (top l.) Gunter Marx; pp. 11, 21 (top l.) Michael Keller; pp. 12, 20 (top l.)
Treat Davidson; p. 13 Gallo Images; p. 17 Pat Doyle; p. 19 LWA-Shari Kennedy.
Superstock: pp. 14, 20 (top r.) George Goodwin; p. 15 Tom Rosenthal.

Series design by Becky Terhune

Printed in Malaysia
1 3 5 6 4 2